낙엽을 밟으며

시조사랑시인선 48

한재희
제3 시조집

낙엽을 밟으며

열린출판

■ 시인의 말

세 번째 시조집 『낙엽을 밟으며』

 참! 기쁘다. 그리고 보람을 느낀다.

 특히 본 시조집은 2024 충주문화관광재단 공모사업에 선정된 개인 작품집이라 더욱 뿌듯한 마음이 든다, 작품 수는 총 6부로 나누어 120수를 수록하였다.

 소재는 주로 충주를 비롯한 전국 유명 관광지를 여행하면서 자연을 노래한 서정과 지나온 나의 인생을 노래한 그리움으로 내 마음에 영원히 남겨질 것이다.

 먼저 바쁘신 중에도 축시를 보내주신 산강 김락기 고문님께 깊이 감사드리오며 제 작품집을 세상에 내놓도록 아낌없는 지원을 하여주신 충주문화관광재단 이사장님과 직원 여러분께도 깊은 감사를 드린다.

 또한 이렇게 아름다운 시조집을 잘 만들어주신 열린출판 사장님과 직원 여러분의 노고에 대해서도 아낌없는 찬사를 보낸다.

끝으로, 늦은 밤까지 서재에서 작품 활동을 하고 있을 때 살며시 방문을 열고 달콤한 커피와 과일을 깎아 넣어준 아내의 정성에 따뜻한 사랑을 느끼며, 아버지의 문학 생활을 묵묵히 도와준 윤정, 종철, 혜정이에게도 고마움을 표한다.

2024년 4월 18일. 충주 호수마을 서재에서

송정 한 재 희 씀

■ 경축시조

솔밭 정자에 만발한 꽃 시조여!
-송정松亭 한재희 선생의 제3 시조집 『낙엽을 밟으며』
　상재에 부쳐

산강 김락기

(사) 한국시조협회 고문

1.

산 곱고 물빛 푸른 중원 요지 충주 골에

평생을 살아온 게 돌아보니 붙박이라

인생사 모를 일이야 꿈결인 듯 아련해

충주호 탄금대에 강수 우륵 두사충에

온천 폭포 나루터에 저 재*마다 오만 사연

이제야 나를 보노니 함께한 길 수유*였어

틈틈이 골라내어 하나둘씩 펼쳐본즉

지나온 세월 자욱 서러이도 맺혔는지

눈물을 애써 머금고 속울음만 울었네.

*재: 고개, 수유須臾: 잠깐
주註: 시적 화자는 이 시조집의 저자 송정松亭임

2.

올곧은 심사에다 가꿔온 길 어우러져

불모의 잡초밭에 시조 꽃을 피우셨네.

꽃떨기

떨기들마다

세세연년 빛나리.

주註: 시적 화자는 평자 산강임.

■ **차례**

■ 시인의 말: 세 번째 시조집 『낙엽을 밟으며』 ······ 5
■ 경축시조: 솔밭 정자에 만발한 꽃 시조여! ······ 7

1부 따뜻한 봄날

가재 발 선인장 ················· 17
개망초꽃 ······················· 18
그 시절 ························ 19
나이테 ························· 20
누에치기 ······················· 21
다육식물 ······················· 22
단오端午 ······················· 23
달래강 서정 ···················· 24
달맞이꽃 ······················· 25
덕주사 마애불 ·················· 26
따듯한 봄날 ···················· 27
매실 ··························· 28
벚꽃 ··························· 29
보릿고개 ······················· 30
봄 향기 ························ 31
봄동 ··························· 32
송계에서 ······················· 33
청보리가 익어 갈 때 ············ 34
할미꽃 ························· 35
향수鄕愁 ······················· 36

2부 남한강 서정

개망초꽃·2 ······················· 39
난향 蘭香 ························ 40
남한강 서정 ······················ 41
내 밥그릇 ······················· 42
늙은 황소 ······················· 43
대재앙 ·························· 44
목계나루 ························ 45
묘막 墓幕 ························ 46
무궁화 ·························· 47
봉숭아꽃 ························ 48
부처님 오신 날 ··················· 49
불면증 ·························· 50
붉은 장미 ······················· 51
상기하자! 6·25 ··················· 52
선풍기 ·························· 53
송홧가루 ························ 54
슬픈 여름 ······················· 55
주말농장 ························ 56
참매미 ·························· 57
탄금대 단상 ····················· 58

3부 낙엽을 밟으며

가을바람 ·················· 61
강물은 나를 보고 ·············· 62
고추잠자리 ·················· 63
나의 문학 생활 ················ 64
낙엽을 밟으며 ················ 65
노송老松 ····················· 66
노을빛 ····················· 67
덕주사 마애불 ················ 68
만산홍엽 ·················· 69
만추晚秋 ··················· 70
문학기행 ·················· 71
벌초伐草 ··················· 72
뼈해장국 ·················· 73
송공비 ····················· 74
아버지의 그늘 ················ 75
연금 날 ···················· 76
이화령에서 ·················· 77
자기 가치 ·················· 78
처서處暑 ··················· 79
풍경 소리 ·················· 80

4부 아버지의 강

계묘년癸卯年 새해에 …………………… 83
고독한 시인 …………………………… 84
고향 설 ………………………………… 85
까치 소리 ……………………………… 86
까치집 ………………………………… 87
너와 나 ………………………………… 88
농사農事 ……………………………… 89
도담삼봉 ……………………………… 90
사모곡 ………………………………… 91
아내 …………………………………… 92
아버지의 강 …………………………… 93
애기연꽃 ……………………………… 94
어버이날에 …………………………… 95
어사화 ………………………………… 96
장 내시경 ……………………………… 97
접시꽃 ………………………………… 98
정이품송 ……………………………… 99
정자나무 ……………………………… 100
시조협 사무실 ………………………… 101
혜안慧眼의 눈빛 ……………………… 102

5부 한들댁

도다리 ····················· 105
때늦은 고백 ················ 106
명사십리 ···················· 107
봉화의 기적 ················ 108
사랑마루 ···················· 109
서낭당 ······················ 110
숲지기 ······················ 111
아버지의 눈물 ·············· 112
애기수련 ···················· 113
저승길 ······················ 114
진혼곡 ······················ 115
충주천 단상 ················ 116
친구 따라 강남 가다 ······· 117
평화平和 ···················· 118
풍경 소리 ··················· 119
한들 댁 ····················· 120
행림杏林한의원 ············· 121
행복한 동행 ················ 122
허술한 손님맞이 ··········· 123
현몽現夢 ···················· 124

6부 행복의 계단

가는 세월 ······················· 127
가을비 ························· 128
나이테·2 ······················· 129
동행同行 ······················· 130
여름밤 ························· 131
민석아! 승주야! ··················· 132
벚꽃은 피었어라 ·················· 133
석종사에서 ····················· 134
약방문 ························· 135
위대한 사랑 ···················· 136
이화령의 설경雪景 ················· 137
인생 열차 ······················ 138
자존심 ························· 139
친구 ·························· 140
하늘재 소고小考 ··················· 141
행복의 계단 ···················· 142
호암지 능수버들 ·················· 143
호암지의 노을 ···················· 144
회전 교차로 ···················· 145
회한悔恨 ······················· 146

■ 촌평: 송정松亭 한재희 선생의 제3 시조집
『낙엽을 밟으며』 ················· 147

1부 따뜻한 봄날

가재 발 선인장

민심이 각박해진 사회적 갈등 속에

가재 발 선인장은 꽃등을 밝히면서

머리가

맑아지는 해

신축년을 기원한다

*거실에 가재 발 선인장꽃을 보면서

개망초꽃

분 냄새 솔솔 피던 화병의 백합꽃은
시원한 거실에서 열흘간 호강하다
색 잃고 시들어지니 쓰레기장 신세다

조붓한 오솔길에 자잘한 망초꽃은
이름은 천박해도 심성은 금잔디라
꿀벌들 일하는 소리 농요처럼 흥겹다

정겹게 옹기종기 얼굴을 마주하고
기쁨과 외로움을 나누며 살아가는
청순한 개망초꽃은 이 시대의 본이다

그 시절

그 시절 잊었는가
어렵던 보릿고개

허기진 방앗소리
아련히 들리는데

추억은
심연 속에서
피멍울을 삭인다

나이테

검버섯 늘어나고 주름살 깊어지니
거울 속 내 모습에 측은지심 느낀다
그립다
소싯적 그때
상고머리 그 시절

누에치기

송파 뜰 한가운데

상전桑田을 일구어서

잠실蠶室을 새로 짓고

누에 쳐 실을 자아

베틀에

곱게 짠 비단

선비처럼 고우리

*서울 송파에 한국시조협회 사무실 개소 기념 축시조祝時調 /
2023. 8. 15 (화)

다육식물

머나먼 이국에서
처연히 귀화하여

얼굴도 다양하고
색상도 신비롭다

우리는
다문화 가족
서로 돕고 삽니다

단오端午

뒷동산 팽나무에 볏짚 틀어 그네 매고

옥색 댕기 휘날리며 밤 그네 뛰던 아씨

지금쯤

할미꽃 되어

오그라져 있겠지

*2021. 6. 15. 단옷날

달래강 서정

단물은 물길 따라 순리를 찾아가고

백조는 모래톱에 진실을 고백하니

강촌에

선비의 마음

달빛처럼 선하다

달맞이꽃

들창을 열어놓고 창밖을 바라보니

아련히 떠오르는 그리운 임의 얼굴

지금쯤

어느 곳에서

저 달빛을 맞을까

덕주사 마애불*

세월을 엮으려고 덕주사를 찾아가니

다람쥐 먼저 와서 불전에 참배하고

큰스님

독경 소리는

덕주공주 달래네

*충북 제천시 월악산에 있는 덕주사 동쪽 암벽에 부조된 고려 시대의 불상으로 보물 제406호임.

따듯한 봄날

명륜당 은행나무 기지개 켜는 봄날

고운 임 시조 향기 그윽한 성균관에

꽃망울

물 긷는 소리

청아하게 들린다

*2023 한국시조협회 이사장 이. 취임식 / 2. 7. 성균관 컨벤션 센터

매실

이른 봄 햇가지에 화사한 꽃을 피워

벌 나비 불러 모아 사랑가 부르더니

어느새

토실토실한

옥동자를 품고 있다

* 수리산 가족 묘원 주말농장에서. / 2020. 6. 15

벚꽃

얼마나 기다렸나

새봄이 오기까지

어두운 터널에서

혹한을 견뎌내고

공정과

상식을 외치는

만세 소리 외친다

*2022. 3. 29.

보릿고개

푸름 달 절구 방아 청 보리 숨죽이고

목이 긴 디딜방아 힘겹게 일하는데

사랑방

베틀 소리는

보릿고개 넘는다

봄 향기

미나리 겉절이에
군침이 솟아나고

된장국 냉이 향이
입안에 눌러앉아

어릴 적
어머니 손맛
떠날 줄을 모르네

봄동
-어머니

농촌에 뿌리내려 묵정밭 일구시며

보리쌀 아욱죽에 감자로 때를 이은

사진 속

흑백사진이

메아리로 남는다

쪼그려 앉으셔서 잔설을 털어가며

봄동을 뜯어내신 어머니 그 모습이

지금도

눈에 선하여

사모곡이 됩니다

송계에서

낮에는 다람쥐가

바위 밑에 보물 찾고

밤에는 선녀들이

달빛을 즐기는데

왕 거미

실망을 치고

밤낮없이 망을 본다

청보리가 익어 갈 때

모질게 가난했던 추억을 떠올리며

푸름달 서당골에 청보리 익어가고

종달새

휘파람 소리

보릿고개 넘는다

할미꽃

앞치마 둘러매고
빈가에 애옥살이

온몸이 부셔 저라
일만 하다 가셨지

보고픈
어머니 얼굴
망부화亡婦花가 되셨네

향수 鄕愁

메마른 대지 위에
봄비가 내리는 날

복사꽃 바라보니
고향이 그립구나!

그 옛날
소꿉친구들
다 어디로 갔는지

2부 남한강 서정

개망초꽃 · 2

소박한 꽃잎 속에
사랑이 가득하고

기워진 적삼에는
땀내가 배어있네

가만히
들여다보니
어머니 환상이다

난향 蘭香

군자의 숨은 뜻은 겸양의 본질이니

꽃 대궁 몰래 올려 살며시 향 피우고

가슴에

품었던 향기

아낌없이 내준다

*2022. 8. 11.

남한강 서정

남한강 아리수는 유유히 흘러간다
청운에 꿈을 안고 천년을 바라보며
무심히 시류를 따라 생명수로 흐른다

청아한 여울목에 수줍은 민물고기
물살을 가르면서 백 년 향 뿜어내며
밤낮을 가리지 않고 남한강을 누빈다

어머니 젖줄처럼 온유한 생명줄이
험하고 거친 세상 다독여 다스리며
처연히 순리를 따라 은빛 물살 가른다

*2021. 4. 17. 남한강에서

내 밥그릇

나랏빚 칠백조라 곡간도 비었는데

밥그릇 덜 찼다고 밥투정하지 말고

허리띠

꼭 졸라매고

새벽종을 울려라

늙은 황소

밭가에 늙은 황소 일손을 놓지 못해

눈가에 주름 늘고 속으로 울고 있다

마음속

자욱한 안개

어느 때나 걷힐까

대재앙

폭우에 무너지고 홍수에 쓸려가서

수마가 할퀴어놓아 민심도 흉흉한데

엎친 데

덮친 격으로

코로나가 웬 말인가

* 2020. 7. 15. 산척면 홍수피해 현장에서

목계나루

무정한 세월 속에 물결은 잘도 간다
여울목 같은 인생 탄하면 무엇 하랴
한세상
소풍 길 왔다
돌아가면 그만 인걸

묘막墓幕

어머님 아들 사랑 아버지 자식 걱정

나이가 들기 전엔 정말로 몰랐는데

자식을

키우고 보니

부모 은공 느낀다

*2022. 7. 8. 수리산 묘막에서
*묘막: 무덤 가까이에 지은 묘지기가 사는 집. (화자는 산소 가까이 조그만 창고를 지어놓고 삽, 호미, 낫. 톱, 예초기 등을 보관하고 있음)

무궁화

무궁화 꽃동산에

소낙비 쏟아져서

꽃 속에 기생하는

진딧물 씻어내니

분홍빛

무궁화꽃이

하얗게 다시 핀다

봉숭아꽃

울 밑에 피는 꽃잎
할 말을 잊었는가!

얼굴을 살짝 내민
분홍빛 그대 미소

잔잔한
울림을 주네
빨간 손톱 물드네

부처님 오신 날

연등이 즐비하게
밝혀진 석종사에

대웅전 삼존불은
배시시 실눈으로

이끼 낀
중생들 마음
말끔하게 닦아주네

*2023. 5. 27. 석종사에서

불면증

시조는 나의 예술 창작은 내 고민

밤새껏 끙끙대고 고심에 시달려도

컴퓨터

한글자판은

불면증에 걸려있다

붉은 장미

오월의 담장 위에
행복이 시샘하며

문밖을 바라보고
사랑을 고백한다,

얼굴에
볼우물 가득
임을 찾아 헤맨다

상기하자! 6·25

살려 달라 도와 달라 애타게 호소해도
강 건너 불 보듯이 구경만 하고 있네
어쩌나!
우크라 전쟁
발만 동동 구른다

선풍기

가마솥 찜통더위 아랑곳 하지 않고

오로지 남을 위한 착하고 고운 마음

선풍기

어루만지며

자문자답 합니다

송홧가루
-아버지

텡미 산 따비밭을 땀으로 일구시어
콩 심고 조를 심던 암울한 보릿고개
악물고 살아온 세월 눈시울이 젖는다

간간이 들려오는 아버지 기침 소리
약 한 첩 병원 한번 가시지 못하시고
오로지 자식들 걱정 그칠 날이 없었다

산소에 병아리 꽃 찬 이슬 맞을 무렵
길 잃은 산 고라니 밤마다 슬피 울면
새하얀 송홧가루는 와비 석을 덮는다

*텡미 산: 작가 고향의 작은 동산.

슬픈 여름

가을이 오기 전에 세월이 먼저 가서

나뭇잎 물 들이고 어느새 낙엽 지네

아! 내가

낙엽 될 줄을

차마 나는 몰랐네

주말농장

초가을 밤나무 숲 선선한 바람 일어
자연의 섭리 먹고 알밤이 벌어지네
겨울밤 화롯불 사랑 할머니가 보인다

산길을 오르내려 정성껏 가꾼 알밤
풀숲을 헤쳐 가며 한 톨씩 주워 모아
한 자루 가득 담으니 열 킬로가 넘는다

땀 흘려 이룬 보람 잘난 놈 골라내어
장에다 팔아보니 삼만 원 손에 드네
추석날 손주 놈 용돈 쏠쏠하다, 단택 밤

*단택 밤: 추석 때 먹는 조생종 밤

참매미

사랑이 그리워서

밤잠을 못 이루고

벚나무 그늘에서

애원하는 하소연

참매미

애타는 가슴

심지까지 마르네

*2022. 7. 27. 아파트 벚나무에서.

탄금대 단상

스산한 솔바람이
탄금정 난간에서

솔잎을 입에 물고
추억을 노래하니

열두 줄
가야금 소리
합주 되어 울린다

*솔바람: 소나무 사이를 스쳐 부는 바람.

3부 낙엽을 밟으며

가을바람

여름을 몰아내는 서늘한 가을바람

가녀린 코스모스 흔들어 꽃피우고

꽃잎은

창공을 날며

가을 소식 전한다

강물은 나를 보고

강물은 나를 보고 이렇게 말을 하네
모난 돌 피해 가고 조약돌 품어 안아
언제나 겸손한 마음 간직하고 살라네

강물은 나를 보고 이렇게 일러주네
세상이 변해가고 인걸은 사라져도
초심을 버리지 말고 중심 잡고 가라네

강물은 나를 보고 이렇게 타이르네
은혜는 잊지 말고 베푼 건 잊으면서
찬란한 무지개처럼 고운 빛이 되라네

*충주 달래강에서, 2023. 가을

고추잠자리

창공을 활개 치던
코 빨간 잠자리가

옥수수 개 꼬리에
살포시 내려앉아

가을을
노래하면서
풍경화를 그리네

나의 문학 생활

내면에 잘 설계된 나만의 생활 속에

어제를 추억하고 오늘을 다시 열며

좋은 글

마음에 담아

선비의 길 가리라

낙엽을 밟으며

가을 길 걷다 보니 이파리 떨어지고

낙엽을 주워보니 그 속에 내가 있다

그 누가

낙엽을 보고

세월이라 했던가

노송 老松

달래강 옥경 수는 유유히 흘러가고

단호사 쇠북소리 심금을 울리는데

등 굽은

늙은 소나무

탄로가를 부른다

*단호사: 충주 단월에 있는 철불 좌상을 모신 사찰로 대웅전 앞 노송이 기묘하다.

노을빛

내 인생 살아온 길 에둘러 회고하니

좁고도 험한 길을 힘겹게 달려왔네

불그레

서녘 하늘에

노을빛도 곱구나!

덕주사 마애불

금강산 바라보며 망국한 흘린 눈물

덕주사 계곡물로 하염없이 흘러가고

암벽에

새겨진 불상

그리움만 쌓인다

*천년고찰 덕주사(월악산)에 신라의 마지막 왕. 경순왕의 장녀인 덕주 공주가 망국亡國의 한恨을 달래며 큰 바위에 마애불을 조각했다는 전설이 있음.

만산홍엽

갈바람 소슬하니 세월이 야속하고
육신은 절단 나도 마음은 한창일세
된서리
맞은 단풍잎
물들기도 서러워라

만추晩秋

낙엽에 실린 가을

덧없이 흘러가고

서글픈 추억들만

소복이 쌓이는데

머리맡

약봉다리는

갈수록 늘어나네

*2021. 11. 21. 호암지의 늦가을

문학기행

빗속에 우산처럼
다정한 문우끼리

삼관문 과거 길을
새롭게 걸어보니

심오한
문학의 세계
고봉으로 쌓인다

*문경 새재 문학기행을 하면서.

벌초伐草

효심이 가득해야 집안이 화목하고

조상을 잘 모셔야 가족이 무탈하다

산소를

가꾸는 것은

이어받은 가풍이다

*주덕읍 삼청리 수리산 가족 묘원에서, 2022. 8. 27. 추석맞이

뼈해장국

얼큰한 해장국에
우정을 푹푹 말아

소주잔 기울이며
깊은 정 나누는데

국밥집
아주머니가
미소까지 얹는다

송공비

수몰로 잃은 고향 그리워 하지 말고

세월이 흘러가도 고향은 잊지 마라

화강*은

석비로 남아

고향 땅을 지키리

*화강花崗: 김갑수 회장님 아호 2022. 6. 17. 김갑수 일심산악회
 회장님 송공비를 세우며.

아버지의 그늘

평생을 기대고 산 아주 큰 산 이였다

그 산에 그늘 밑이 얼마나 짙었는지

아무리

지우려 해도

지워지지 않는다

연금 날

우리 집 옹달샘은 신기루 샘물이다

아무리 퍼먹어도 마르지 않는 꽃샘

물동이

머리에 이고

생명수를 길러 간다

*매월 25일 공무원 연금 날

이화령에서

여유로 남겨둔 날 이화령을 찾아가니

삭풍은 붓을 잡고 세한도를 그려내고

멧새는

갈잎을 엮어

초막집을 짓는다

자기 가치

인정과 칭찬으로 가치를 다시 찾고

선택한 결정으로 마음을 다져 가면

남들을

미워하거나

부러워할 일 없다

처서 處暑

독침을 물고 살던
흡혈귀 모기 놈이

삐뚤어진 입으로
서실을 비행하다

달력에
처서를 보고
줄행랑을 치는구나

풍경 소리

바람을 타고 노는 덕주사 풍경 소리

대웅전 온 경내를 자비로 채워주고

석등에

영원한 불빛

중생들을 깨운다

*월악산 덕주사에서.

4부 아버지의 강

계묘년癸卯年 새해에

위기를 총명하게 대처하는 토끼처럼
슬기를 토굴 속에 차곡차곡 쌓아가며
두 귀를
쫑긋 세우고
지혜롭게 살아보리

고독한 시인

노년의 인생살이

외로운 별자리라

찬란한 은하수는

동요를 남기지만

깊은 밤

원로시인은

시조 한 수 남긴다

고향 설

산천에 함박눈이
하염없이 나부끼니

눈 쓸고 썰매 타던
고향 친구 생각나네

인생은
눈사람처럼
영원하진 않더라

까치 소리

아침에 까치 울면
반가운 손님 온다

해병대 우리 손자
오늘이 제대인데

용감한
우리 민석이
귀신 잡는 신 병장

까치집

팽나무 우듬지에 삭정이 서까래로
못 하나 박지 않고 성글게 지붕 씌운
여름밤 별빛 찬란한 귀틀집이 정겹다

들창문 열어놓고 달빛에 글을 쓰고
냉장고 필요 없이 세 끼를 생식하며
주소도 문패도 없는 까치집이 새롭다

두 내외 사냥해서 자식들 키워놓고
사냥꾼 오발탄에 남편이 세상 떠도
단칸방 한 부모 가정 화목하게 산다네

* 카톡에 올라온 좋은 글을 읽고서

너와 나

겨울이 되어봐야
봄날을 알게 되고

큰 산을 올라봐야
세상을 보게 된다

인생도
나이가 들어봐야
너를 알고 나를 안다

농사農事

논에서 쌀을 얻고
밭에서 돈을 벌어

식구들 먹고살고
자식들 공부시킨

농사는
천하지 대본
인류의 생명 창고

도담삼봉*

남한강 옥경수에 오롯이 발 담그고

옷고름 풀어 헤친 세 자매 선녀바위

정갈한

물그림자에

속살까지 비친다

아리수 물길 따라 청둥오리 물질하고

낮달은 구름 속을 민낯으로 파고드니

낚대에

풍류를 걸어

시조 한 수 읊는다

*도담삼봉: 충북 단양군 단양읍 도담리 남한강 상류에 있는 명승 제44호로 3개의 기암으로 이루어진 섬.

사모곡

동짓달 얼음물에 손빨래 하시면서
이 못난 자식 위해 한평생 고생하신
어머니
사랑합니다
사모곡을 올립니다

*2023. 8. 11.

아내

얄팍한 갈급 봉투

잘게도 쪼개 쓰고

씀씀이 우선순위

저울질 하던 그미

그 곱던

앳된 모습이

사진 속에 웃는다

*결혼식 사진을 보며. 조시弔詩.

아버지의 강

친구야 이 친구야 무정한 이 사람아
한마디 말도 없이 서둘러 떠나는가
요단강
나루터에는
뱃고동이 울리네

못다 핀 병아리꽃 등 굽은 할미꽃은
눈물이 봇물 되어 목 놓아 통곡하네
잘 가게
먼 훗날 우리
극락에서 만나세

*2023. 4. 20., 충주병원 장례식장에서 형준 친구를 보내며.

애기연꽃

어쩌면 저렇게도 예쁘고 귀여울까

포근한 엄마 품에 젖꼭지 꼭 물고서

분홍빛

배냇저고리

손주 놈을 닮았네

*국원고 연못에서 갓 태어난 연꽃봉오리를 바라보며. 2022. 7. 14.

어버이날에

그 춥던 엄동에도 보리쌀 으깨시며

딸내미 아들내미 육 남매 키워주신

엄마 표

수제빗국이

가슴 솥에 끓는다

어사화

눈으로 안아주고 맘으로 연모해도

그리운 짝사랑에 눈길도 주지 않네

이 밤도

애만 태우다

잠 못 이룬 꽃이여

*능소화의 꽃말은 여성, 명예, 영광이며 조선시대 장원급제한 어사가 머리에 쓰는 어사화로 장식했다.

장 내시경

긴 터널 통과하며
샅샅이 살펴보고

나쁜 놈 발견되면
단칼에 잘라버려

소중한
인간의 생명
건강하게 지키네

접시꽃

분홍빛 마음으로
살며시 다가와서

사랑을 심어놓고
무정히 떠난 임아!

당신을
그리워하는
내 마음을 아실까

정이품송

법주사 들머릿길 땅거미 드리우면

오리 숲 조릿대에 연등이 밝혀지고

노거수

정이품송은

서울 하늘 바라보네

정자나무

모습은 늙었지만, 마음은 젊고 착해

무더운 타오름에 시원한 그늘 주는

동구 밖

느티나무는

우리 동네 효자다

시조협 사무실

집 없는 서러움에 곁방살이 십여 년

냇물이 강이 되고 강물이 한강 되듯

시조협

서울 잠실에

숙원사업 이루네

*한국시조협회 사무실 매매 계약: 2023. 6.30 (금) 서울 송파구 신천동 잠실 아이스페이스 오피스텔 8층 전용면적 13.5평 매매 계약 소식을 접하고.

혜안慧眼의 눈빛

눈앞만 보지 말고

눈 뒤를 새겨보고

가까이 보지 않고

더 멀리 바라보니

심오한

혜안의 눈빛

내 곁으로 다가온다

5부 한들댁

도다리

주문진 수산시장 허름한 횟집에서

놋 쟁반 두드리며 소주병 마이크로

흘러간

그리운 노래

"불효자는 웁니다"

최고령 예우라며 첫 번째 건배 제의

식탁 위 도다리가 두 눈을 크게 뜨고

아! 벌써

그렇게 되셨나?

깜짝 놀라 퍼덕인다

*도다리: 가자미목 중 넙칫과에 속하는 바닷물고기.
*충주 농진회 남애항 여행, 2023. 6. 9.

때늦은 고백

병아리 품어주는
어미 닭 행복처럼

언제나 따뜻하게
당신만 생각하며

남은 생
함께하겠소
우리 둘의 사랑을

명사십리

생각이 바로 서면

정신이 맑아지고

행동을 조심하면

성품이 고와진다

참신한

인격 형성은

스스로의 몫이다

*곱고 부드러운 해변을 거닐며.

봉화의 기적

인명은 재천이라 소중한 사람 목숨

광산촌 사고 예방 아무리 강조해도

소귀에

경 읽기이니

한심하고 딱하다

강하고 장하도다. 목숨만 살리려고

생사의 기로에서 버텨낸 작업반장

돌가루

툭툭 털고서

만수무강 하소서

사랑마루*

무정한 세월 속에 불꽃은 꺼져가고
대쪽 같던 그 결기 한순간 무너지네
아 아 아
종말이구나!
이것이 인생인가

*요양원 방문을 마치고.
*사랑마루: 노인 요양원

서낭당

은버들* 신중리길* 서낭당 고갯마루

힘들고 어려운 자 누구든 찾아가서

보름날

떡시루 놓고

소원 빌던 명승지

*은버들: 작가의 옛 고향
*신중리길: 신중리로 가는 오솔길.

숲지기

보리수 전지하랴 풀밭을 매다 보면
머릿속 꽉 차 있던 상념도 사라지고
숲지기 하루 일과가 쏜살같이 지난다

고라니 염치없이 취나물 뜯어가고
다람쥐 눈치 보며 알밤을 훔쳐 가도
나누며 함께 사는 정 자연에서 배운다

도라지 달달 볶고 산나물 고사리를
밥상에 올려놓은 친환경 산채 백반
행복이 밥상머리에 주렁주렁 열린다

아버지의 눈물

힘들고 어려워도 말씀도 없으시고

혼자서 아버지는 속으로 우시었다

아아아

아버지의 눈물

언제 닦아 드리나!

애기수련

갓 낳은 애기수련 탯줄을 목에 걸고

젖 냄새 모락모락 공주님 모습으로

포근한

물 방석 타고

맑은 햇살 줍는다

*석종사 연못가에서.

저승길

너무도 억울하고 너무도 원통하네

그렇게 가는 길이 급하였나. 친구야!

낯선 길

잘 찾아가서

편안하게 잠들게

*고故 전영준 친구를 보내며 쓴 조시弔詩. 2022. 8. 4.
 삼가 고인의 명복을 빕니다.

진혼곡

눈물로 하소하고 맘으로 통곡하네

하늘도 땅도 아는 이태원 골목 참사

침통한

분향소마다

진혼곡이 울린다

*이태원 참사를 보며

충주천 단상

충주천 시냇물은
외롭게 흘러가네

자원의 낭비인가
예산의 타령인가

성내천
물놀이장은
시민들의 휴양처

*성내천: 서울 송파구를 흐르는 친환경 물놀이장 하천

친구 따라 강남 가다

눈 맞아 사랑했던 그 임을 만나보니
아련한 추억 속에 민심이 녹아나고
고향을 떠난 무술 축제 타향에서 빛을 보네

힘들고 어렵게도 전통무예 보존하여
중원문화 꽃 피우려 땀 흘려 일했건만
아까운 미래 먹거리 남을 주고 말았네

말 많고 탈도 많던 안개 속 무술 축제
지우려 죽이려는 갖은 수모 참아내며
마음속 새겨진 집념 영원토록 빛나리

*제6회 전국무예대전 구미 박정희 체육관에서, 2023. 6. 3.

평화平和

호암지 연못에서 창포 향기 마셔가며

물오리 노를 저어 태평세월 누리는데

가시연

은장도 품고

잠수함*을 감시한다

*잠수함: 수달(수중생활을 하는 족제빗과에 속하는 포유류)
호암지 충혼탑에서, 2020. 6. 6.

풍경 소리

초록이 어우러진 월악산 산자락에
울리는 소리마다 온유한 진리로다
큰스님
무소유 말씀
온 누리에 전하네

바람을 타고 노는 덕주사 풍경 소리
대웅전 온 경내를 자비로 메워주고
연등에
불빛 밝히며
중생들을 깨운다

*월악산 덕주사에서.

한들 댁
- 어머니

자식들 이름 붙여 다시 얻은 재희 엄마

친정집 동네 이름 앞에 붙여 부른 이름

한들 댁*

우리 어머니

표석으로 남았네

시부모 봉양하랴 시동생 뒷바라지

종갓집 맏며느리 신역도 고되시고

하루도

편한 날 없이

시집살이 하셨지

*한들(넓은 들)댁 : 어머니 친정 동네 이름.
*한식날 산소에 풀을 뽑아드리며.

행림杏林한의원

아픈 곳 찾아내어 침술로 다스리고

막히고 뭉친 곳은 맥으로 풀어내니

달콤한

한약 냄새가

노인건강 지킨다

*2024. 2. 18. 행림한의원에서

행복한 동행
-내 자동차

녀석과 만난 지도 어언간 이십여 년
나이를 먹다 보니 녀석도 늙는구나!
어릴 적 입양하던 날 막걸리를 먹였지

장기를 기증받아 대수술 받고 나니
몰골도 상접하여 가엾고 불쌍하다
한때는 곱기도 하고 반짝반짝 빛났지

아직도 빗장 풀면 심장이 박동하여
창밖에 산과 들을 신나게 달려주니
긴 세월 함께한 사랑 깊은 정을 느낀다

허술한 손님맞이

언어의 벽을 헐고 인종의 줄을 넘어
전 세계 꿈나무를 새만금에 심으려던
야심 찬 국민의 기대 물거품이 되었네

국격을 높여가고 국익을 꾀하려던
부푼 꿈 주섬주섬 배낭에 주워 담고
아쉬운 작별 인사로 새만금을 떠나네

누구를 원망하고 누구를 탓을 하랴
망국적 고질병인 쇠똥구리 정쟁을
K팝이 반전시켰다, 유감없이 해냈다

* 2023. 전북 간척지 새만금 세계 잼버리대회

현몽 現夢

연둣빛 고운한복 곱게도 입으시고
어젯밤 꿈속으로 현몽하신 어머님
큰아들 걱정이 되어 꿈길 찾아 오셨네

폭염에 몸살감기 뵈온 지 오래되어
수리산 가족 묘원 어머님을 흠모하니
생전에 불효한 마음 가슴이 아립니다

날씨가 선선하고 건강이 회복되면
조만간 뵈올 테니 염려하지 마시고
모성애 다 놓으시고 편안히 잠드소서

6부 행복의 계단

가는 세월

구름은 떠서 가고
바람은 숨어가고

장밋빛 내 인생은
세월 속에 달려가네

아무리
몸부림 처도
흘러간다. 저 세월

가을비

　　-송향松鄕 선배님 영전에

아프신 왼쪽 어깨 기우뚱 이끄시며

낯설은 전철 타고 함께 걷던 서울 길

나 혼자 어찌하라고 먼저 훌쩍 가십니까

백차에 몸을 싣고 서울로 떠나신 후

쾌유를 비는 마음 전화를 드렸더니

한 시인! 잘 고쳐갖고 내려갈게 하셨는데

얄궂은 운명인가 왜 이런 날벼락이

할 일이 많이 남은 송향松鄕을 부르시니

가을비 두건을 쓰고 통곡하며 웁니다

*2023. 9. 20. 송향松鄕 임병웅 선배님을 마지막 보내며.

나이테 · 2

나이에 지지 마라
나이는 숫자일 뿐

나이를 먹더라도
절대로 늙지 말고

늙어도
아프지 말고
생명줄을 꼭 잡아라

동행同行

운명을 숙명처럼 구김살 다려 가며
골목길 헤쳐 나온 세한의 인생살이
저만치 흘러간 세월 눈에 자꾸 밟힌다

정으로 맺은 인연 인내로 보듬으며
청운의 꿈을 실은 돛배 하나 띄워놓고
함께한 금혼의 세월 굳은살이 박인다

자전거 바퀴처럼 서로가 조율하며
밀어주고 끌어주고 한마음 한뜻으로
오늘도 두 손 꼭 잡고 남은 길을 가련다

*내 인생 희수喜壽를 보내며.

여름밤

해 저문 호숫가에 구슬픈 나의 소리

어둠을 몰고 와서 가슴에 사무치네

여름밤

기타 소리가

밤이슬에 젖는다

민석아! 승주야!

사랑이 그립거든

얼른 달려오너라

몸도 튼튼 마음도 튼튼

튼실하게 자라다오

외갓집

사랑이라도

듬뿍 먹고 자라라

*2022. 7. 3. 민석이 첫 휴가

벚꽃은 피었어라

오염된 환경에서 오로지 상식으로
공정을 고집하며 살아온 외길 인생
그대는 영원한 사랑 벚꽃이라 이르리

한반도 고을마다 화사한 벚꽃에서
꿀벌들 농요 소리 천지를 진동하니
바라만 보고 있어도 초행길이 훤하다

조국의 하늘 아래 먹구름 거둬내고
만백성 보살피는 왕벚꽃 피워내어
새봄에 호랑나비를 우리 함께 날리자

*2022. 4. 7.

석종사에서

석종사 천척루에

세월이 드리우니

물드는 잎사귀에

가을은 깊어가고

산새들

노랫말 소리

불경처럼 들린다

*2022. 11. 22.

약방문

세월의 바람결에

고장 난 오장육부

머리맡 약장 속에

약봉지 쌓였는데

오늘도

처방전 들고

약방문을 찾는다

위대한 사랑
-어머니

부모가 되고 보니

부모 마음 알겠네

왜 진작 부모 마음

그렇게 몰랐을까

언제나 자식들 걱정

그칠 날이 없어라

이화령의 설경雪景

세상이 어수선해 이화령을 찾아가니

삭풍이 먼저 와서 서설을 맞이하고

산하는

합장을 하고

묵언수행 중이다

*2020. 겨울 이화령에서.

인생 열차

세월은 급행열차 정거장도 없는데
반환점 인생 2막 환승역 길목에는
녹이 슨
화통 소리만
귀에 쟁쟁 울린다

자존심

자존심 없는 사람 세상에 어디 있나

짓눌러 버린다고 눌릴 사람 하나 없지

눈에도 보이지 않는 자존심이 날 세운다

미물인 지렁이도 밟으면 화를 품고

영물인 구렁이도 맞보면 독을 쏜다

화독은 부메랑 되어 폭풍을 몰고 온다

친구

아침에 피는 꽃은
향기가 더욱 짙고

저녁에 우는 새는
슬픔이 가득하다

마음에
담은 친구는
보약 같은 친구다

하늘재 소고小考

삼베를 펼쳐놓은 포암산 암벽 위에
하늘로 길을 내어 태초로 이어지고
영원한 역사의 숨결 백두대간 열린다

고혹한 풍광 속에 솔바람 솔솔 일고
새소리 물소리가 청아하게 울리는데
흰 구름 날갯짓하며 하늘 재를 넘는다

행복의 계단

봄바람 스쳐 가는

윤회의 계절 따라

꽃 피워 열매 맺는

자연의 본능처럼

행복은

마와의 싸움

수도자의 몫이다

호암지 능수버들

물가에 우두커니
홀로선 능수버들

여름을 보내느라
수척한 모습으로

물속에
발을 담그고
한세월을 보낸다

호암지의 노을

해 저문 호암지에 뻐꾸기 슬피 울고

짝 잃은 청둥오리 노을을 헤매는데

색소폰
구슬픈 소리
애간장을 녹인다

*호암지를 산책하면서.

회전 교차로

몸에 밴 준법정신

로터리 교통질서

서로가 양보하며

빙글 빙 잘도 돈다

질서는

지성인의 기본

이태원을 탄嘆한다

*이태원 무질서 참사를 보며.

회한 悔恨

녹슬어 푸석하고 물 젖은 아내의 손
살며시 잡아보니 마음이 짠해진다
사랑해 이 한마디로 회한이 녹을까

부부는 천륜이라 바라본 고운 숨결
사랑은 정에 붙고 미움은 임에 운다
고맙소. 때 늦은 고백 사랑 꽃 다시 필까

■ 촌평(寸評)

송정松亭 한재희 선생의
제3 시조집 『낙엽을 밟으며』

산강 김 락 기
(사) 한국시조협회 고문

　시조는 약 일천여 년의 전통에 빛나는 우리나라 고유의 정형시이며, 그 시대 상황을 시가로 읊조린 것이다. 시조다운 시조는 바로 정형성이 살아 꿈틀거리는 것이어야 한다. 게다가 작품성까지 훌륭하면 금상첨화요, 참으로 시조다운 시조라 하겠다. 시조의 생명은 정형성이다. 정형성이란 3장 6구 12소절을 잘 지켜 지은 것이다. 이로써, 율격 미와 작품성이 상승작용을 할 때 온전한 시조 미학이 이뤄지는 것이다. 어떤 이는 마치 자유시처럼 써서 시조의 율격을 다 깨뜨리는 경향의 작품을 현대시조라고 꾸며대는데, 이러려면 차라리 자유시를 쓰면 될 일이다.

송정松亭 한재희 선생의 제3 시조집 『낙엽을 밟으며』에 실린 단시조와 연시조 작품들은 정형미와 작품성이 겸비되었을 뿐 아니라 시조의 성격에 걸맞게 그의 인생사 희로애락의 절절한 세계관이 한 편 한편마다 고스란히 녹아있다. 음미할수록 참맛을 느낄 수 있다.

표제 작품「낙엽을 밟으며」한 수를 간략히 언급한다.

> 가을 길 걷다 보니 이파리가 떨어지고
> 낙엽을 주워보니 그 속에 내가 있다
> 그 누가
> 낙엽을 보고
> 세월이라 했던가.
>
> 한재희「낙엽을 밟으며」

흔히 '낙엽'은 추수 뒤에 남은 지푸라기나 삶의 하반기 모습에 비유된다. 여기서 낙엽은 곧 흐르는 세월이며 송정松亭 선생 자기 삶이라 할 수 있다. 그는 어느 늦은 가을 집 근처에 있는 호암지 공원을 산책하게 된다.

중장에 "낙엽을 주워보니 그 속에 내가 있다"라고 했다. 얼마나 심오한 표현인가. 송정松亭선생은 우수수 떨어지는 낙엽을 보고 지나온 세월을 회상하게 된다. 새파랗게 젊었던 시절이 엊그제 같은데 벌써 낙엽이 되어 우수수 떨어지니 세월이 얼마나 무심한가.

그리고 낙엽은 유수한 세월 속에 자기 몸을 아끼지 않고 폭염 속에서 비, 바람, 태풍을 이겨내며 모수母樹를 보호하여 꽃을 피우고 열매를 맺고는 이제 내 할 일을 다했다는 듯 아무 말 없이 뚝 떨어져 낙엽이 되어 흙으로 돌아간다. 모수의 밑거름이 되는 효심을 낙엽을 보고 느끼게 된다. 바로 송정松亭 자신의 지나온 삶의 표현이다. 오고 가는 만상을 반추하는 송정松亭선생의 인생관이 오롯이 담겨있는 좋은 작품이다.

'낙엽'은 통상 수많은 작품에서 제재로 이용되어 어쩌면 진부할 수도 있지만, 이 책에서는 그야말로 시인의 연륜에 부응하여 적확한 소재로 앉힌 것이라 할 수 있다.

끝으로 松亭 선생의 세 번째 시조집 『낙엽을 밟으며』 상재를 축하드리며, 아울러 소인묵객은 물론 일반인 제인께 일독을 권하는 바이다.

■ 시조시인 한재희(韓載熙)

◆ 아호: 송정(松亭),
▷충북 충주 출생

◆ 학력, 경력, 수상
▷서울대학교부설 한국방송통신대학농학과졸업
▷충주시농업기술센터소장퇴직/서기관(4급)
▷건국에코서트인증원/자문위원장(현)
▷충주문화새마을금고/감사역임
▷시장, 도지사, 농림수산부장관상
▷국무총리표장
▷대통령표창
▷녹조근정훈장

◆ 문단 활동
▷(사)한국시조문학진흥회 자문위원 역임
▷(사)한국시조협회 이사. 충북지부장 역임
▷충주시조문학회 부회장 역임

◆ 문학상
▷≪시조문학≫ 신인상 등단
▷1회 수안보온천시조문학상 대상
▷1회 한국시조문학상 대상
▷5회 대은시조문학상 작품상
▷2회 청명시조문학상 은상

◆ 시조집
▷제1집『풀꽃이 아름다운 것은』
▷제2집『해오리 꿈을 찾다』

◆ E. jehe46@naver.com

◆ 題字: 心泉 申重澈(韓國書藝協會 忠州副支部長)
◆ 表紙寫眞 : pixabays

나의 문학 공간

낙엽을 밟으며

1판 1쇄 발행 2024년 6월 20일

지은이 | 한 재 희
펴낸곳 | 열린출판
등록 | 제 307-2019-14호
주소 | 경기도 고양시 덕양구 권율대로 656, 1401호
전화 | 02-6953-0442
팩스 | 02-6455-5795
전자우편 | open2019@daum.net
디자인 | SEED디자인
인쇄 | 삼양프로세스

ⓒ 한재희, 2024

ISBN 979-11-970404-69-7 03810

*책값은 뒤표지에 표시되어 있습니다.
*저자와 협의하여 인지를 생략합니다.

이 책은 충주시, 충주문화관광재단의 후원으로 발간되었음